Mes p'tites confitures

BERNARD LE GULVOUT

MAÎTRE-ARTISAN, CONFITURIER

PHOTOGRAPHIES DE JULIE MECHALI
STYLISME D'ISABELLE GUERRE

Remerciements d'Isabelle Guerre

Un grand merci à **Jeannine Cros** pour le prêt de ses magnifiques tissus anciens teints (Jeannine Cros : 06 60 17 90 39) et aux marques **Casa**, **Habitat** et **Ikea** pour les verrines, pots et vaisselles.

Enfin, merci à tous les chineurs de la famille qui ont dégotté de jolis pots et couverts anciens…

ISBN : 978-2-7540-6491-0
Dépôt légal : mai 2014
Imprimé en France par Pollina - L71717
Direction éditoriale : Aurélie Starckmann
Édition : Audrey Bernard et Odile Raoul

Photos : © Julie Mechali
Conception graphique : WarzalaWorks
Couverture : © www.atelier-du-livre.fr
Maquette intérieure : Istria

Éditions First, un département d'Édi8,
12, avenue d'Italie
75013 Paris
Tél : 01 44 16 09 00
Fax : 01 44 16 09 01
Email : firstinfo@efirst.com
Site Internet : www.editionsfirst.fr

SOMMAIRE

INTRODUCTION

Je suis tombé dans le chaudron… c'était à Saint-Mandé, en proche banlieue parisienne, en 1982 !

Nous avions appelé notre boutique « L'ÉPICURIEN », une boutique qui sentait bon le pain d'épices, le nougat et autres sucreries…

Ma potion magique ? Les confitures que l'on y fabriquait depuis 1936.

Avec mon épouse, Nicole, nous l'avons fait vivre 10 ans avant de nous consacrer exclusivement à la fabrication de confitures. Aujourd'hui, nous officions sous la même enseigne dans un petit village de l'Hérault : Le Bosc, à proximité de Lodève et à 40 kilomètres de Montpellier.

Cet ouvrage est le fruit d'essais innombrables, de recherches en tous sens, de quelques découvertes, et d'un nombre impressionnant de cuillères léchées !

Quoi de plus amusant que de confectionner soi-même ses confitures ? C'est ce que je vous propose d'entreprendre dans ce livre. Pas d'inquiétude : ces recettes sont faciles à réaliser, je vous en livre les secrets.

Et n'hésitez pas, en vous servant largement de mon expérience, à faire vos propres créations, à mélanger les épices, voire à associer les fruits et les légumes. Les possibilités d'alliances gustatives sont si vastes !

Bonnes confitures et régalez-vous !

TECHNIQUES ET ASTUCES

Pour réaliser de bonnes confitures, il existe quelques règles élémentaires : choisir de beaux fruits bien mûrs en respectant leur saisonnalité, suivre les indications de la recette, soigner la mise en pots et le bouchage.

MATÉRIEL INDISPENSABLE

- Une bassine en cuivre ou à défaut en inox à fond épais
- Une balance
- Un petit couteau en inox et si possible un dénoyauteur à fruits
- Un récipient en verre ou en terre cuite pour mettre les fruits en attente sans risque qu'ils s'oxydent
- Une spatule en bois
- Une passoire communément appelée « chinois »
- Une écumoire pour éliminer la mousse qui se forme souvent à la surface des confitures lors de la cuisson
- Une louche en inox
- Un entonnoir « spécial confiture » à large ouverture
- Des bocaux de diverses contenances et les capsules

VÉRIFIER LA PRISE DE LA CONFITURE

Deux techniques sont communément employées :

Le test de l'assiette froide : faire tomber une goutte de confiture sur une assiette très froide ; si la goutte se fige instantanément, c'est cuit.

Le test du verre d'eau : faire tomber une goutte de confiture dans un verre d'eau très froide ; s'il se forme une bulle, c'est cuit !

CONSERVER ET STOCKER

Les confitures ne se stérilisent pas, il suffit de pasteuriser l'air qui se trouve entre la confiture et le couvercle. Pour ce faire, retournez les pots à chaud après fermeture pendant 10 minutes. Ensuite, stockez les pots dans l'obscurité, pour éviter que la confiture ne se décolore.

RÉALISER UN NOUET

Certains fruits sont naturellement riches en pectine, d'autres beaucoup moins. Pour combler cette lacune, vous pouvez confectionner un nouet (que vous incorporerez dans la cuisson des confitures) : déposez dans une gaze la partie centrale (le trognon, très riche en pectine naturelle) d'environ 12 pommes, puis fermez solidement avec une ficelle. Vous pouvez stocker les trognons au congélateur en attendant de les utiliser.

CONFITURE DE FRAISES

4 POTS DE 375 G • BON MARCHÉ • FACILE • PRÉPARATION : 15 MIN • MACÉRATION : 1 NUIT • CUISSON : 35 MIN

USTENSILES

1 bassine à confiture
1 terrine
1 spatule
1 écumoire
4 pots
1 assiette

INGRÉDIENTS

1 kg de fraises
700 g de sucre de canne
le jus d'1/2 citron

Truc de confiturier

En fin de cuisson, vous pouvez incorporer quelques feuilles de menthe fraîche préalablement ciselées.

RÉALISATION

1 La veille, lavez et équeutez les fraises, coupez-les en 4 si elles sont trop grosses. Dans une terrine, mettez les fraises, le sucre et le jus de citron. Laissez reposer 1 nuit.

2 Le jour même, dans la bassine à confiture, portez le mélange à ébullition, en remuant pour ne pas laisser attacher au fond de la bassine. Maintenez à ébullition 15 minutes.

3 Baissez le feu et laissez cuire doucement jusqu'à la bonne consistance en remuant souvent. Écumez.

4 Vérifiez la prise de la confiture en faisant le test de l'assiette froide (voir p. 5). Vous pouvez conditionner la confiture en pots à chaud. Refermez et retournez les pots 10 minutes.

CONFITURE DE PÊCHES

4 POTS DE 375 G • BON MARCHÉ • FACILE • PRÉPARATION : 15 MIN • MACÉRATION : 1 NUIT • CUISSON : 30 MIN

USTENSILES

1 bassine à confiture
1 terrine
1 spatule
1 écumoire
4 pots
1 assiette

INGRÉDIENTS

1 kg de pêches
700 g de sucre de canne
le jus d'1/2 citron

RÉALISATION

La veille, plongez les pêches dans de l'eau bouillante, pelez-les, ôtez le noyau et coupez-les en tranches fines. Disposez-les dans une terrine en alternant couches de sucre et couches de pêches. Arrosez du jus de citron et laissez macérer 1 nuit au frais.

Le jour même, versez le mélange aux pêches dans la bassine à confiture et portez à ébullition, à feu très doux, au moins 30 minutes en remuant constamment.

Vérifiez la prise de la confiture sur une assiette froide (voir p. 5), écumez et mettez en pots, refermez-les et retournez-les pendant 10 minutes.

CONFITURE DE FRAMBOISES

4 POTS DE 375 G • BON MARCHÉ • FACILE • PRÉPARATION : 15 MIN • MACÉRATION : 1 NUIT • CUISSON : 20 MIN

USTENSILES

1 bassine à confiture
1 écumoire
1 terrine
1 spatule
4 pots
1 assiette

INGRÉDIENTS

1 kg de framboises
800 g de sucre de canne
le jus d'1/2 citron

RÉALISATION

La veille, lavez rapidement les framboises, égouttez-les, mettez-les dans une terrine avec le sucre et le jus de citron. Couvrez et laissez reposer 1 nuit.

Le jour même, dans la bassine à confiture, versez le mélange framboises, sucre de canne et jus de citron. Portez à ébullition en remuant et en écumant. Réduisez le feu et poursuivez la cuisson environ 20 minutes.

Vérifiez la prise de la confiture sur une assiette froide (voir p. 5), mettez en pots, refermez-les et retournez-les pendant 10 minutes.

CONFITURE DE CERISES GRIOTTES

4 POTS DE 375 G • BON MARCHÉ • FACILE • PRÉPARATION : 30 MIN • MACÉRATION : 1 NUIT • CUISSON : 45 MIN

USTENSILES

1 bassine à confiture
1 spatule
1 écumoire
4 pots
1 assiette

INGRÉDIENTS

1 kg de cerises griottes
800 g de sucre de canne
le jus d'1 citron
1 nouet (voir p. 5)

Truc de confiturier

Vous pouvez ajouter un petit verre de kirsch (10 cl) en fin de cuisson.

RÉALISATION

1 La veille, lavez et dénoyautez les cerises. Confectionnez un sirop avec le sucre et 15 cl d'eau.

2 Dans la bassine à confiture, portez à ébullition le mélange cerises, sucre, eau et jus de citron. Ajoutez le nouet et maintenez l'ébullition pendant 15 minutes. Arrêtez la cuisson et laissez reposer 1 nuit.

3 Le jour même, reprenez la cuisson doucement pendant 30 minutes, écumez et ôtez le nouet.

4 Vérifiez la prise de la confiture en faisant le test de l'assiette froide (voir p. 5). Vous pouvez conditionner la confiture en pots à chaud. Refermez les pots, puis retournez-les pendant 10 minutes.

CONFITURE D'ABRICOTS AUX AMANDES

4 POTS DE 375 G • BON MARCHÉ • FACILE • PRÉPARATION : 15 MIN • CUISSON : 1 H

USTENSILES

1 bassine à confiture
1 saladier
1 casse-noix
1 spatule
1 écumoire
4 pots
1 verre

INGRÉDIENTS

1 kg d'abricots bien mûrs
700 g de sucre de canne
le jus d'1 citron
12 noyaux d'abricots
1 noisette de beurre (ou autre matière grasse)

Truc de confiturier

Vous pouvez fendre 1 gousse de vanille, la gratter et incorporer ses graines au mélange abricots-sucre.

RÉALISATION

1 Choisissez des abricots bien mûrs, nettoyez-les sous l'eau, séparez-les en 2 et retirez les noyaux.

2 Dans un saladier, mélangez les abricots et le sucre, ajoutez le jus de citron. Cassez 12 noyaux, récupérez les amandes et ébouillantez-les pour enlever la peau.

3 Dans la bassine à confiture, portez à ébullition le mélange abricots et sucre, en remuant pour ne pas laisser attacher au fond de la bassine. Incorporez la noisette de beurre et les amandes. Maintenez à ébullition 15 minutes. Baissez le feu et laissez cuire doucement jusqu'à la bonne consistance en remuant souvent, environ 45 minutes.

4 Vérifiez la prise de la confiture en faisant le test du verre d'eau (voir p. 5). Vous pouvez conditionner la confiture en pots à chaud en répartissant bien les amandes. Refermez les pots et retournez-les pendant 10 minutes.

CONFITURE DE MYRTILLES SAUVAGES

4 POTS DE 375 G • BON MARCHÉ • FACILE • PRÉPARATION : 10 MIN • CUISSON : 30 MIN

USTENSILES

1 bassine à confiture
1 spatule
1 écumoire
4 pots
1 assiette

INGRÉDIENTS

1 kg de myrtilles sauvages
800 g de sucre de canne
le jus d'1/2 citron

RÉALISATION

Lavez, égouttez et égrappez les myrtilles. Versez-les dans la bassine à confiture et, sur feu vif, remuez à la spatule de façon à éclater les baies. Ajoutez le sucre et le jus de citron, puis baissez le feu.
Portez à ébullition en remuant fréquemment et laissez cuire 20 minutes. Vérifiez la prise de la confiture sur une assiette froide (voir p. 5), écumez et mettez en pots. Refermez et retournez les pots pendant 10 minutes.

CONFITURE DE MIRABELLES

4 POTS DE 375 G • BON MARCHÉ • FACILE • PRÉPARATION : 20 MIN • MACÉRATION : 1 NUIT • CUISSON : 30 MIN

USTENSILES

1 bassine à confiture
1 terrine
1 spatule
1 écumoire
4 pots
1 assiette

INGRÉDIENTS

1 kg de mirabelles
700 g de sucre de canne
le jus d'1/2 citron

RÉALISATION

La veille, lavez et égouttez les mirabelles, coupez-les en 2 et ôtez le noyau. Disposez-les dans une terrine en alternant couches de sucre et couches de mirabelles, puis arrosez du jus de citron. Laissez macérer 1 nuit au frais.
Le jour même, versez dans la bassine à confiture et portez à ébullition, à feu très doux. Laissez ensuite cuire au moins 30 minutes en remuant constamment.
Vérifiez la prise de la confiture sur une assiette froide (voir p. 5). Refermez immédiatement les pots et retournez-les pendant 10 minutes.

CONFITURE DE MÛRES SAUVAGES

4 POTS DE 375 G • BON MARCHÉ • FACILE • PRÉPARATION : 15 MIN • MACÉRATION : 1 NUIT • CUISSON : 35 MIN

USTENSILES

1 bassine à confiture
1 saladier
1 spatule
1 écumoire
4 pots
1 assiette

INGRÉDIENTS

1 kg de mûres sauvages
800 g de sucre de canne
le jus d'1/2 citron
1 noisette de beurre (ou autre matière grasse)

Truc de confiturier

Vous pouvez ajouter 1 cuillerée à café de réglisse en poudre en cours de cuisson et/ou un petit verre de genièvre (10 cl) en fin de cuisson.

RÉALISATION

1 La veille, lavez et égouttez les mûres. Dans un saladier, mélangez-les avec le sucre, puis ajoutez le jus de citron. Laissez reposer 1 nuit.

2 Le jour même, dans la bassine à confiture, portez le mélange mûres et sucre à ébullition en remuant pour ne pas laisser attacher au fond de la bassine. Ajoutez la noisette de beurre. Maintenez à ébullition 15 minutes.

3 Baissez le feu et laissez cuire doucement jusqu'à la bonne consistance en remuant souvent, pendant environ 20 minutes. Écumez.

4 Vérifiez la prise de la confiture en faisant le test de l'assiette froide (voir p. 5). Vous pouvez conditionner la confiture en pots à chaud. Refermez les pots, puis retournez-les pendant 10 minutes.

GELÉE DE BAIES DE SUREAU

4 POTS DE 375 G • BON MARCHÉ • FACILE • PRÉPARATION : 15 MIN • CUISSON : 30 MIN

USTENSILES

1 bassine à confiture
1 presse-purée
1 passoire
1 assiette
1 spatule
1 écumoire - 4 pots

INGRÉDIENTS

1,2 kg de baies de sureau
700 g de sucre de canne
le jus d'1/2 citron
1 nouet (voir p. 5)

RÉALISATION

Lavez, égouttez et égrappez les baies. Faites-les cuire à feu vif afin de les faire éclater, puis passez-les à la moulinette, et enfin à la passoire pour obtenir un jus.
Dans la bassine à confiture, versez le sucre, le jus de sureau et le jus de citron, ainsi que le nouet contenant les trognons de 12 pommes. Portez à ébullition. Remuez fréquemment.
Baissez le feu et poursuivez la cuisson 30 minutes environ. Ôtez le nouet. Vérifiez la prise de la gelée sur une assiette froide (voir p.5), écumez et mettez en pots. Refermez et retournez les pots pendant 10 minutes.

CONFITURE DE CHÂTAIGNES

4 POTS DE 375 G • BON MARCHÉ • DÉLICAT • PRÉPARATION : 1 H • CUISSON : 1 H 05

USTENSILES

1 bassine à confiture
1 spatule
1 casserole
1 presse-purée
1 écumoire
4 pots
1 assiette

INGRÉDIENTS

1,5 kg de châtaignes
1,2 kg de sucre de canne
2 gousses de vanille
sel

RÉALISATION

À l'aide d'un couteau pointu, faites une incision circulaire en travers de chaque châtaigne. Mettez-les dans une casserole et couvrez d'eau froide. Faites chauffer et laisser bouillir 5 minutes. Égouttez-les et épluchez-les (les deux peaux se détachent facilement), puis remettez-les à cuire environ 30 minutes dans de l'eau légèrement salée. Vérifiez la cuisson, jetez l'eau et passez-les au presse-purée, grille fine.
Versez le sucre et 15 cl d'eau dans la bassine à confiture pour faire un sirop. Ajoutez ensuite la purée de châtaignes, les gousses de vanille fendues et grattées et poursuivez la cuisson environ 30 minutes en remuant constamment. Ôtez les gousses de vanille et écumez.
Vérifiez la prise de la confiture sur une assiette froide (voir p. 5), mettez en pots, refermez-les et retournez-les pendant 10 minutes.

CONFITURE AUX QUATRE FRUITS ROUGES

4 POTS DE 375 G • BON MARCHÉ • FACILE • PRÉPARATION : 15 MIN • MACÉRATION : 1 NUIT • CUISSON : 40 MIN

USTENSILES

1 bassine à confiture
1 terrine
1 spatule
1 écumoire
4 pots
1 assiette

INGRÉDIENTS

250 g de fraises
250 g de cerises griottes
250 g de framboises
250 g de groseilles
700 g de sucre de canne
le jus d'1/2 citron

Variante

S'il vous manque un fruit, compensez avec les autres fruits ou remplacez-le par un fruit de saison.
Vous pouvez faire un sucré-salé en baissant le sucre à 500 g, en ajoutant un bon verre de vinaigre à la framboise en début de cuisson et quelques tours de moulin à poivre. Cette confiture accompagnera admirablement un foie de veau, par exemple.

RÉALISATION

1 La veille, lavez et équeutez les fraises, coupez-les en 4 si elles sont trop grosses. Dénoyautez les cerises. Lavez rapidement les framboises et les groseilles et égouttez-les.

2 Dans une terrine, mettez les fraises, les cerises, les framboises, les groseilles, le sucre et le jus de citron. Mélangez et laissez reposer 1 nuit.

3 Le jour même, dans la bassine à confiture, portez le mélange à ébullition, en remuant pour ne pas laisser attacher au fond de la bassine. Maintenez à ébullition 15 minutes. Baissez le feu et laissez cuire doucement jusqu'à la bonne consistance en remuant fréquemment, environ 25 minutes. Écumez.

4 Vérifiez la prise de la confiture en faisant le test de l'assiette froide (voir p. 5). Vous pouvez conditionner la confiture en pots à chaud. Refermez les pots et retournez-les pendant 10 minutes.

CONFITURE DE KIWIS

4 POTS DE 375 G • BON MARCHÉ • FACILE • PRÉPARATION : 20 MIN • CUISSON : 30 MIN

USTENSILES

1 bassine à confiture
1 écumoire
1 spatule
4 pots
1 assiette

INGRÉDIENTS

1 kg de kiwis
800 g de sucre de canne
le jus d'1 citron vert

RÉALISATION

Épluchez les kiwis, coupez-les en 2, ôtez la partie centrale blanchâtre, coupez les moitiés en rondelles fines.

Dans la bassine à confiture, versez les kiwis et le sucre de canne, arrosez du jus de citron vert.

Portez à ébullition en remuant et en écumant. Réduisez le feu et poursuivez la cuisson 30 minutes.

Vérifiez la prise de la confiture sur une assiette froide (voir p. 5), mettez en pots. Refermez et retournez les pots pendant 10 minutes.

CONFITURE DE RHUBARBE

4 POTS DE 375 G • BON MARCHÉ • FACILE • PRÉPARATION : 15 MIN • MACÉRATION : 24 H • CUISSON : 1 H

USTENSILES

1 bassine à confiture
1 terrine
1 spatule
1 écumoire
4 pots
1 assiette

INGRÉDIENTS

1 kg de rhubarbe (verte, de préférence)
800 g de sucre de canne
1 citron

RÉALISATION

La veille, lavez et égouttez la rhubarbe, puis coupez-la en morceaux de 2 cm de long. Coupez le citron en tranches très fines.

Dans une terrine, disposez une couche de sucre, une couche de rhubarbe, les tranches de citron et laissez macérer 24 heures au frais.

Le jour même, versez dans la bassine à confiture, mélangez le tout et portez à ébullition, à feu très doux, au moins 1 heure. Remuez délicatement pour ne pas abîmer les morceaux de rhubarbe. Écumez.

Vérifiez la prise de la confiture sur une assiette froide (voir p. 5), la rhubarbe doit être transparente. Mettez en pots, refermez-les et retournez-les pendant 10 minutes.

CONFITURE DE COINGS AUX ÉPICES

4 POTS DE 375 G • BON MARCHÉ • FACILE • PRÉPARATION : 20 MIN • CUISSON : 1 H 15

USTENSILES

1 bassine à confiture
1 balance
1 économe
1 spatule
1 écumoire
4 pots
1 assiette

INGRÉDIENTS

1,2 kg de coings
900 g de sucre de canne
le jus d'1/2 citron
1/2 gousse de vanille
1 petite cuil. à café de cannelle moulue
1 pincée de cardamome moulue

Variante

Vous pouvez remplacer l'eau par un bon vin rouge. Cette confiture accompagnera un magret de canard ou un fromage à pâte dure. On peut aussi en garnir l'intérieur de poires ou de pommes évidées à cuire au four.

RÉALISATION

1 Épluchez et enlevez le cœur des coings, réservez-les pour en faire un nouet (voir p. 5), que vous ajouterez à la cuisson de la confiture. Il doit vous rester 1 kg de chair. Détaillez-la en dés d'1 cm.

2 Dans la bassine à confiture, faites cuire les coings juste couverts d'eau bouillante pendant 15 minutes. Ajoutez le sucre, le nouet réservé ainsi que le jus de citron, les graines de vanille, la cannelle et la cardamome. Portez le mélange à ébullition en remuant pour ne pas laisser attacher au fond de la bassine. Maintenez à ébullition pendant 30 minutes.

3 Baissez le feu et laissez cuire doucement en remuant souvent jusqu'à la bonne consistance (30 minutes environ). Ôtez le nouet et écumez. La confiture est cuite quand le coing est translucide et que le jus prend en gelée sur une assiette froide (voir p. 5).

4 Vous pouvez conditionner la confiture en pots à chaud. Refermez et retournez les pots pendant 10 minutes.

MARMELADE D'ORANGES DOUCES

4 POTS DE 375 G • BON MARCHÉ • FACILE • PRÉPARATION : 30 MIN • CUISSON : 35 MIN

USTENSILES

1 bassine à confiture
1 râpe
1 hachoir
1 spatule
1 écumoire
4 pots
1 assiette

INGRÉDIENTS

1 kg d'oranges non traitées
900 g de sucre de canne
le jus d'1/2 citron

Truc de confiturier

Vous pouvez ajouter un petit verre de whisky (10 cl) en fin de cuisson.

RÉALISATION

1 Lavez soigneusement les oranges à l'eau tiède. Prélevez les zestes avec une râpe à gros trous, réservez-les. Détaillez les oranges et passez-les au hachoir à viande, grosse grille.

2 Versez les oranges, le sucre, les zestes et le jus de citron dans la bassine à confiture. Portez à ébullition en remuant de temps en temps. Maintenez l'ébullition 15 minutes.

3 Baissez le feu et laissez cuire doucement en remuant souvent jusqu'à la bonne consistance (environ 20 minutes). Écumez.

4 Vérifiez la prise de la marmelade en faisant le test de l'assiette froide (voir p. 5). Vous pouvez conditionner la marmelade en pots à chaud. Refermez, puis retournez les pots pendant 10 minutes.

CONFITURE DE PAMPLEMOUSSES ROSES

4 POTS DE 375 G • BON MARCHÉ • FACILE • PRÉPARATION : 30 MIN • MACÉRATION : 1 NUIT • CUISSON : 45 MIN

USTENSILES

1 bassine à confiture
1 râpe
1 hachoir
1 spatule
1 écumoire
4 pots
1 assiette

INGRÉDIENTS

1,2 kg de pamplemousses roses non traités
900 g de sucre de canne
les zestes et le jus d'1/2 citron

Truc de confiturier

Vous pouvez ajouter un petit verre de liqueur de mandarine (10 cl) en fin de cuisson.

RÉALISATION

1 La veille, lavez soigneusement les pamplemousses à l'eau tiède. Prélevez les zestes avec une râpe à gros trous, réservez. Enlevez la peau blanche des pamplemousses et, une fois qu'ils sont pelés à vif, coupez-les en tranches. Passez la chair au hachoir à viande avec la grosse grille.

2 Versez la chair de pamplemousse, le sucre, les zestes et le jus de citron dans la bassine à confiture. Portez à ébullition en remuant. Maintenez l'ébullition 15 minutes. Arrêtez la cuisson et mettez au frais 1 nuit.

3 Le jour même, reprenez la cuisson et laissez cuire doucement jusqu'à la bonne consistance en remuant fréquemment, environ 30 minutes. Écumez.

4 Vérifiez la prise de la confiture en faisant le test de l'assiette froide (voir p. 5). Vous pouvez conditionner la confiture en pots à chaud. Refermez, puis retournez les pots pendant 10 minutes.

CONFITURE DE CLÉMENTINES

4 POTS DE 375 G • BON MARCHÉ • FACILE • PRÉPARATION : 15 MIN • CUISSON : 30 MIN

USTENSILES

1 bassine à confiture
1 hachoir
1 spatule
1 écumoire
4 pots
1 assiette

INGRÉDIENTS

1 kg de clémentines non traitées
800 g de sucre de canne
le jus d'1/2 citron

RÉALISATION

Lavez soigneusement les clémentines à l'eau tiède. Passez-les au hachoir à viande avec la grille moyenne.
Dans la bassine à confiture, versez le sucre, les clémentines et le jus de citron. Portez à ébullition. Remuez fréquemment.
Baissez le feu et poursuivez la cuisson 30 minutes environ.
Vérifiez la prise de la confiture sur une assiette froide (voir p. 5), écumez et mettez en pots immédiatement. Refermez et retournez les pots pendant 10 minutes.

CONFITURE DE CITRONS JAUNES

4 POTS DE 375 G • BON MARCHÉ • FACILE • PRÉPARATION : 30 MIN • CUISSON : 30 MIN

USTENSILES

1 bassine à confiture
1 râpe
1 presse-agrumes
1 spatule
1 écumoire
4 pots
1 assiette

INGRÉDIENTS

1 kg de citrons jaunes non traités
1 kg de sucre de canne

RÉALISATION

Lavez soigneusement les citrons à l'eau tiède. Prélevez les zestes avec une râpe à gros trous et faites-les blanchir dans 20 cl d'eau bouillante pendant 10 minutes.
Pendant ce temps, pressez les citrons et récoltez le jus.
Dans la bassine à confiture, versez le sucre, le jus de citron et les zestes. Portez à ébullition. Remuez fréquemment.
Baissez le feu et poursuivez la cuisson 20 minutes.
Vérifiez la prise de la confiture sur une assiette froide (voir p. 5), écumez et mettez en pots immédiatement. Refermez et retournez les pots pendant 10 minutes.

CONFITURE AUX TROIS AGRUMES

4 POTS DE 375 G • BON MARCHÉ • FACILE • PRÉPARATION : 15 MIN • MACÉRATION : 1 NUIT • CUISSON : 30 MIN

USTENSILES

1 bassine à confiture
1 hachoir
1 terrine
1 spatule
1 écumoire
4 pots
1 assiette

INGRÉDIENTS

500 g d'oranges non traitées
250 g de citrons non traités
250 g de pamplemousses non traités
900 g de sucre de canne

Truc de confiturier

Vous pouvez ajouter un petit verre d'eau de fleur d'oranger (10 cl) en fin de cuisson.

RÉALISATION

1 La veille, lavez soigneusement les oranges, les citrons et les pamplemousses sous l'eau tiède. Hachez-les finement au hachoir à viande, grille moyenne.

2 Dans une terrine, mettez les fruits et le sucre. Mélangez et laissez reposer 1 nuit.

3 Le jour même, portez le mélange à ébullition dans la bassine à confiture en remuant pour ne pas laisser attacher au fond de la bassine. Maintenez à ébullition 15 minutes. Baissez le feu et laissez cuire doucement jusqu'à la bonne consistance en remuant fréquemment, 15 minutes environ. Écumez.

4 Vérifiez la prise de la confiture en faisant le test de l'assiette froide (voir p. 5). Vous pouvez conditionner la confiture en pots à chaud. Refermez et retournez les pots pendant 10 minutes.

CONFITURE DE PASTÈQUE À L'ORANGE

4 POTS DE 375 G • BON MARCHÉ • FACILE • PRÉPARATION : 20 MIN • MACÉRATION : 1 NUIT • CUISSON : 45 MIN

USTENSILES

1 bassine à confiture
1 terrine
1 spatule
1 écumoire
4 pots
1 assiette

INGRÉDIENTS

1 kg de pastèque à confiture
1 orange non traitée
800 g de sucre de canne
le jus d'1/2 citron

Variante

Vous pouvez utiliser 1 citron à la place de l'orange. Vous pouvez également ajouter 1 demi-gousse de vanille fendue et grattée, cela apportera un plus à cette confiture traditionnelle du Sud de la France.

RÉALISATION

1 La veille, épluchez, videz et coupez la pastèque en cubes d'1 cm. Lavez soigneusement l'orange et coupez-la en fines lamelles.

2 Disposez-les dans une terrine en alternant une couche de sucre, une couche de pastèque et les lamelles d'orange, puis arrosez du jus de citron. Laissez macérer 1 nuit au frais.

3 Le jour même, versez dans la bassine à confiture, portez à ébullition environ 45 minutes, à feu très doux, en remuant fréquemment.

4 Vérifiez la prise de la confiture sur une assiette froide (voir p. 5), la pastèque doit être translucide. Écumez et mettez en pots immédiatement. Refermez et retournez les pots pendant 10 minutes.

CONFITURE DE FIGUES NOIRES

4 POTS DE 375 G • BON MARCHÉ • FACILE • PRÉPARATION : 15 MIN • CUISSON : 45 MIN

USTENSILES

1 bassine à confiture
1 saladier
1 spatule
1 écumoire
4 pots
1 verre

INGRÉDIENTS

1 kg de figues noires
800 g de sucre de canne
le jus d'1/2 citron
1 noisette de beurre (ou autre matière grasse)

Truc de confiturier

Vous pouvez ajouter des cerneaux de noix à votre confiture en milieu de cuisson, elle accompagnera alors merveilleusement les fromages de chèvre demi-secs ou secs.

RÉALISATION

1 Choisissez des figues bien mûres, nettoyez-les sous l'eau et coupez-les en morceaux. Dans un saladier, mélangez les figues, le sucre et ajoutez le jus de citron.

2 Dans la bassine à confiture, portez le mélange figues-sucre à ébullition en remuant pour ne pas laisser attacher au fond de la bassine. Ajoutez la noisette de beurre. Maintenez à ébullition 15 minutes.

3 Baissez le feu et laissez cuire doucement jusqu'à la bonne consistance en remuant souvent (environ 30 minutes). Écumez.

4 Vérifiez la prise de la confiture en faisant le test du verre d'eau (voir p. 5). Vous pouvez conditionner la confiture en pots à chaud. Refermez, puis retournez les pots pendant 10 minutes.

CONFITURE MI-FIGUE MI-RAISIN

4 POTS DE 375 G • BON MARCHÉ • FACILE • PRÉPARATION : 15 MIN • CUISSON : 45 MIN

USTENSILES

1 bassine à confiture
1 saladier
1 spatule
1 écumoire
4 pots
1 verre

INGRÉDIENTS

750 g de figues noires
250 g de raisins sans pépins
800 g de sucre de canne
le jus d'1/2 citron
1 noisette de beurre (ou autre matière grasse)

Truc de confiturier

En milieu de cuisson, vous pouvez ajouter une poignée de fruits secs écrasés (noix, noisettes, amandes).

RÉALISATION

1 Choisissez des figues bien mûres, nettoyez-les sous l'eau et coupez-les en morceaux. Nettoyez également le raisin sous l'eau. Dans un saladier, mélangez les figues, le raisin et le sucre, puis ajoutez le jus de citron.

2 Dans la bassine à confiture, portez le mélange figues, raisins et sucre à ébullition en remuant pour ne pas laisser attacher au fond de la bassine. Ajoutez la noisette de beurre. Maintenez à ébullition 15 minutes.

3 Baissez le feu et laissez cuire doucement jusqu'à la bonne consistance en remuant souvent (environ 30 minutes). Écumez.

4 Vérifiez la prise de la confiture en faisant le test du verre d'eau (voir p. 5). Vous pouvez conditionner la confiture en pots à chaud. Refermez et retournez les pots pendant 10 minutes.

CONFITURE DE MELON

4 POTS DE 375 G • BON MARCHÉ • FACILE • PRÉPARATION : 20 MIN • CUISSON : 40 MIN

USTENSILES

1 bassine à confiture
1 balance
1 spatule
1 écumoire
4 pots
1 verre

INGRÉDIENTS

1,2 kg de melon
700 g de sucre de canne
1 petit verre de bon vinaigre de vin rouge (10 cl)
1 cuil. à café de cannelle moulue
1/2 gousse de vanille
1 noisette de beurre (ou autre matière grasse)

Variante

Vous pouvez remplacer la vanille et la cannelle par des clous de girofle en poudre et/ou du poivre de Penja.

RÉALISATION

1 Épluchez et videz le melon. Il doit vous rester 1 kg de chair. Détaillez-la en dés d'1 cm.

2 Dans la bassine à confiture, portez le mélange melon, sucre et vinaigre à ébullition, en remuant pour ne pas laisser attacher au fond de la bassine. Ajoutez la noisette de beurre, la cannelle et la demi-gousse de vanille fendue. Maintenez à ébullition 15 minutes.

3 Baissez le feu et laissez cuire doucement jusqu'à la bonne consistance en remuant souvent, environ 25 minutes. Ôtez la gousse de vanille et écumez.

4 Vérifiez la prise de la confiture en faisant le test du verre d'eau (voir p. 5). Vous pouvez conditionner la confiture en pots à chaud. Refermez et retournez les pots pendant 10 minutes.

CONFITURE DE KUMQUATS

4 POTS DE 375 G • BON MARCHÉ • FACILE • PRÉPARATION : 30 MIN • MACÉRATION : 1 NUIT • CUISSON : 40 MIN

USTENSILES

1 bassine à confiture
1 casserole
1 hachoir
1 spatule
1 écumoire
4 pots
1 assiette

INGRÉDIENTS

1 kg de kumquats
900 g de sucre de canne
le jus d'1 citron

Truc de confiturier

C'est aux mois de décembre et janvier que les kumquats sont le moins cher sur les marchés.

RÉALISATION

1 La veille, lavez soigneusement les kumquats à l'eau tiède. Coupez-les en 2 et enlevez les plus gros pépins. Blanchissez-les 5 minutes à l'eau bouillante. Passez les kumquats au hachoir à viande, grosse grille.

2 Dans un saladier, mélangez les kumquats, le sucre et le jus de citron. Laissez reposer 1 nuit au frais.

3 Le jour même, versez le mélange dans la bassine à confiture. Portez à ébullition en remuant de temps en temps. Maintenez l'ébullition 15 minutes. Baissez le feu et laissez cuire doucement jusqu'à la bonne consistance en remuant fréquemment, environ 20 minutes. Écumez.

4 Vérifiez la prise de la confiture en faisant le test de l'assiette froide (voir p. 5). Vous pouvez conditionner la confiture en pots à chaud. Refermez les pots, puis retournez-les pendant 10 minutes.

CONFITURE DE FRUITS EXOTIQUES

4 POTS DE 375 G • BON MARCHÉ • FACILE • PRÉPARATION : 15 MIN • MACÉRATION : 1 NUIT • CUISSON : 35 MIN

USTENSILES

1 bassine à confiture
1 terrine
1 spatule
1 écumoire
4 pots
1 assiette

INGRÉDIENTS

250 g de mangue
250 g d'ananas
250 g de citrons verts
800 g de sucre de canne

Truc de confiturier

Vous pouvez ajouter un petit verre de votre liqueur favorite (10 cl) en fin de cuisson.

RÉALISATION

1 La veille, épluchez, enlevez le noyau et découpez la mangue en morceaux. Épluchez l'ananas, enlevez les yeux et coupez-le en 4. Enlevez la partie centrale dure et coupez la chair en morceaux. Lavez soigneusement les citrons verts et coupez-les en lamelles.

2 Dans une terrine, mettez la mangue, l'ananas, les citrons verts et le sucre. Mélangez et laissez reposer 1 nuit.

3 Le jour même, dans la bassine à confiture, portez le mélange à ébullition, en remuant pour ne pas laisser attacher au fond de la bassine. Maintenez à ébullition 15 minutes. Baissez le feu et laissez cuire doucement jusqu'à la bonne consistance en remuant fréquemment, environ 20 minutes. Écumez.

4 Vérifiez la prise de la confiture en faisant le test de l'assiette froide (voir p. 5). Vous pouvez conditionner la confiture en pots à chaud. Refermez et retournez les pots pendant 10 minutes.

CONFITURE D'ANANAS

4 POTS DE 375 G • BON MARCHÉ • FACILE • PRÉPARATION : 30 MIN • MACÉRATION : 1 NUIT • CUISSON : 20 MIN

USTENSILES

1 bassine à confiture
1 saladier
1 spatule
1 écumoire
4 pots
1 assiette

INGRÉDIENTS

1 kg d'ananas bien mûr
700 g de sucre de canne
le jus d'1/2 citron

RÉALISATION

La veille, épluchez l'ananas et enlevez les yeux, coupez-le en 4. Enlevez la partie centrale dure, coupez la chair en petits cubes.
Dans un saladier, mélangez la chair d'ananas, le sucre et le jus de citron. Laissez reposer 1 nuit au frais.
Le jour même, versez le mélange dans la bassine à confiture, portez à ébullition. Remuez fréquemment. Poursuivez la cuisson doucement environ 20 minutes.
Vérifiez la prise de la confiture sur une assiette froide (voir p. 5), la chair d'ananas doit être transparente. Écumez et mettez en pots. Refermez immédiatement et retournez les pots pendant 10 minutes.

CONFITURE DE MANGUES

4 POTS DE 375 G • BON MARCHÉ • FACILE • PRÉPARATION : 15 MIN • MACÉRATION : 1 NUIT • CUISSON : 30 MIN

USTENSILES

1 bassine à confiture
1 saladier
1 balance
1 spatule
1 écumoire
4 pots
1 assiette

INGRÉDIENTS

1,2 kg de mangues bien mûres
800 g de sucre de canne
le jus d'1/2 citron
1 gousse de vanille

RÉALISATION

La veille, épluchez les mangues, coupez-les en 2, enlevez les noyaux. Il doit vous rester 1 kg de chair de mangue, découpez-la en cubes.
Dans un saladier, mélangez la mangue et le sucre, ajoutez le jus de citron, laissez reposer 1 nuit.
Le jour même, versez le mélange dans la bassine à confiture, ajoutez les graines de vanille. Portez à ébullition. Remuez fréquemment. Baissez le feu et poursuivez la cuisson 30 minutes environ.
Vérifiez la prise de la confiture sur une assiette froide (voir p. 5), écumez et mettez en pots. Refermez les pots immédiatement et retournez-les pendant 10 minutes.

CONFITURE DE DATTES

4 POTS DE 375 G • BON MARCHÉ • DÉLICAT À RÉALISER • PRÉPARATION : 30 MIN • CUISSON : 30 MIN

USTENSILES

1 bassine à confiture
1 mixeur
1 spatule
1 écumoire
4 pots
1 assiette

INGRÉDIENTS

750 g de dattes confites
500 g de pommes acidulées
500 g de sucre de canne
le jus d'1/2 citron

Truc de confiturier

Vous pouvez ajouter quelques carrés de chocolat noir en fin de cuisson. Dans ce cas, mélangez bien avant de mettre en pots.

RÉALISATION

1 Coupez les dattes en 2, ôtez les noyaux. Épluchez les pommes, ôtez le cœur, coupez-les en tranches.

2 Mixez les fruits tout en ajoutant environ 25 cl d'eau jusqu'à obtenir un mélange souple. Ajoutez le sucre et le jus de citron.

3 Dans la bassine à confiture, portez le mélange à ébullition. Baissez le feu et continuez doucement la cuisson en remuant fréquemment, pendant environ 30 minutes. Écumez.

4 Vérifiez la prise de la confiture en faisant le test de l'assiette froide (voir p. 5). Vous pouvez conditionner la confiture en pots à chaud. Refermez les pots, puis retournez-les pendant 10 minutes.

CONFITURE DE PATATE DOUCE

4 POTS DE 375 G • BON MARCHÉ • FACILE • PRÉPARATION : 15 MIN • CUISSON : 45 MIN

USTENSILES

1 bassine à confiture
1 économe - 1 spatule
1 casserole - 1 écumoire
1 presse-purée
4 pots - 1 assiette

INGRÉDIENTS

1 kg de patates douces
800 g de sucre de canne
1/2 gousse de vanille
1 cuil. à café de cannelle en poudre
le jus d'1/2 citron

RÉALISATION

Épluchez les patates douces, coupez-les en dés et faites-les cuire 20 minutes à l'eau bouillante. Passez-les au presse-purée.
Versez le sucre, 10 cl d'eau et la purée de patate douce dans la bassine à confiture. Ajoutez la gousse de vanille grattée, la cannelle et le jus de citron. Portez à ébullition, à feu très doux, environ 25 minutes en remuant fréquemment. Ôtez la gousse de vanille.
Vérifiez la prise de la confiture sur une assiette froide (voir p. 5), écumez et mettez en pots. Refermez immédiatement les pots et retournez-les pendant 10 minutes.

CONFITURE DE KAKIS ET PAPAYE AU RHUM

4 POTS DE 375 G • BON MARCHÉ • FACILE • PRÉPARATION : 20 MIN • MACÉRATION : 1 NUIT • CUISSON : 35 MIN

USTENSILES

1 bassine à confiture
1 terrine
1 spatule
1 écumoire
4 pots
1 assiette

INGRÉDIENTS

500 g de kakis
500 g de papaye
700 g de sucre de canne
le jus d'1/2 citron
1 petit verre de rhum vieux (10 cl)

RÉALISATION

La veille, coupez les kakis en 2, enlevez la chair à la petite cuillère. Coupez la papaye en 2, enlevez les graines et coupez la chair en dés.
Dans une terrine, mettez le kaki, la papaye, le jus de citron et le sucre. Mélangez, puis laissez reposer 1 nuit.
Le jour même, dans la bassine à confiture, portez le mélange à ébullition, en remuant pour ne pas laisser attacher au fond de la bassine. Maintenez à ébullition 15 minutes. Baissez le feu et laissez cuire doucement jusqu'à la bonne consistance en remuant fréquemment, environ 20 minutes.
Ajoutez le petit verre de rhum vieux. Écumez.
Vérifiez la prise de la confiture en faisant le test de l'assiette froide (voir p. 5).
Vous pouvez conditionner la confiture en pots à chaud. Refermez les pots et retournez-les pendant 10 minutes.

CONFITURE DE PÉTALES DE ROSES

4 POTS DE 375 G • BON MARCHÉ • FACILE • PRÉPARATION : 45 MIN • MACÉRATION : 1 NUIT • CUISSON : 30 MIN

USTENSILES

1 bassine à confiture
1 casserole
1 spatule
1 écumoire
4 pots
1 assiette

INGRÉDIENTS

250 g de pétales de roses non traitées
1 kg de sucre de canne blanc
le jus d'1/2 citron
1 nouet (voir p. 5)

Truc de confiturier

On peut déguster cette confiture en tartine, mais également en accompagnement d'une glace à la vanille.
Une petite cuillerée au fond d'une coupe de champagne satisfera les plus exigeants. Elle accompagnera également les desserts à base de chocolat ainsi que le gibier.

RÉALISATION

1 La veille, faites un sirop sur feu moyen avec le sucre et 75 cl d'eau, incorporez les pétales de roses, arrêtez la cuisson et laissez macérer 1 nuit.

2 Le jour même, dans la bassine à confiture, versez la macération de pétales de roses, le sucre, le jus de citron et le nouet, faites cuire à feu moyen environ 30 minutes. Ôtez le nouet et écumez.

3 Vérifiez la prise de la confiture en faisant le test de l'assiette froide (voir p. 5). Vous pouvez conditionner la confiture en pots à chaud. Refermez et retournez les pots pendant 10 minutes.

CONFITURE DE BANANE AU RHUM

4 POTS DE 375 G • BON MARCHÉ • FACILE • PRÉPARATION : 20 MIN • CUISSON : 40 MIN

USTENSILES

1 bassine à confiture
1 balance
1 spatule
1 écumoire
4 pots
1 assiette

INGRÉDIENTS

1,2 kg de bananes mûres
700 g de sucre de canne
le jus d'1/2 citron
1 noisette de beurre (ou autre matière grasse)
1 petit verre de rhum (10 cl)

Variante

Vous pouvez remplacer le rhum par quelques carrés de chocolat noir, que vous ferez bien fondre.

RÉALISATION

1 Épluchez les bananes et coupez-les en rondelles. Il doit vous rester 1 kg de chair.

2 Dans la bassine à confiture, portez le mélange bananes, sucre et jus de citron à ébullition, en remuant pour ne pas laisser attacher au fond de la bassine. Ajoutez la noisette de beurre. Maintenez à ébullition 15 minutes.

3 Baissez le feu et laissez cuire doucement jusqu'à la bonne consistance en remuant souvent, environ 25 minutes. Incorporez le verre de rhum.

4 Vérifiez la prise de la confiture en faisant le test de l'assiette froide (voir p. 5). Vous pouvez écumer et conditionner la confiture en pots à chaud. Refermez les pots et retournez-les pendant 10 minutes.

Banane
Rhum

CRÈME DE CITRON

4 POTS DE 375 G • BON MARCHÉ • DÉLICAT À RÉALISER • PRÉPARATION : 30 MIN • CUISSON : 20 MIN

USTENSILES

1 bassine à confiture
1 saladier
1 râpe
1 presse-agrumes
1 casserole
1 tamis
1 spatule
1 cuillère en bois
4 pots

INGRÉDIENTS

1 kg de citrons non traités
600 g de sucre de canne
250 g de beurre doux
5 œufs

Variante

Vous pouvez varier cette recette en remplaçant les citrons par des oranges, des pamplemousses ou des mandarines.

RÉALISATION

1 Lavez soigneusement les citrons à l'eau tiède. Prélevez les zestes avec une râpe à petits trous, réservez-les. Pressez les citrons et filtrez le jus.

2 Dans un saladier, coupez le beurre en petits morceaux, ajoutez le sucre, le jus des citrons et les zestes. Mettez le saladier dans un bain-marie et faites chauffer à feu doux. Remuez jusqu'à ce que le beurre et le sucre soient fondus, réservez.

3 Battez les œufs pour obtenir une consistance mousseuse et tamisez-les sur le saladier. Toujours dans le bain-marie à feu très doux, mélangez en remuant constamment avec une cuillère en bois jusqu'à épaississement (environ 20 minutes). La crème ne doit jamais bouillir, sous peine de tourner.

4 Vous pouvez conditionner la crème en pots à chaud. Refermez les pots, puis retournez-les pendant 10 minutes. Attention, cette crème ne se conserve que quelques semaines au frais.

CONFITURE FRAISE-FRAMBOISE-PÊCHE

4 POTS DE 375 G • BON MARCHÉ • FACILE • PRÉPARATION : 15 MIN • MACÉRATION : 1 NUIT • CUISSON : 45 MIN

USTENSILES

1 bassine à confiture
1 terrine
1 spatule
1 écumoire
4 pots
1 assiette

INGRÉDIENTS

400 g de fraises
400 g de framboises
600 g de pêches
800 g de sucre de canne
le jus d'1/2 citron

Truc de confiturier

En fin de cuisson, vous pouvez incorporer quelques feuilles de basilic frais, que vous aurez pris soin de ciseler.

RÉALISATION

1 La veille, lavez et équeutez les fraises, coupez-les en 4 si elles sont trop grosses. Lavez rapidement les framboises, égouttez-les. Épluchez les pêches, coupez-les en 2, ôtez les noyaux et détaillez-les en tranches fines.

2 Dans une terrine, mettez les fraises, les framboises, les tranches de pêches, le sucre et le jus de citron. Laissez reposer 1 nuit.

3 Le jour même, dans la bassine à confiture, portez le mélange à ébullition, en remuant pour ne pas laisser attacher au fond de la bassine. Maintenez à ébullition 15 minutes. Baissez le feu et laissez cuire doucement jusqu'à la bonne consistance (environ 30 minutes) en remuant souvent. Écumez.

4 Vérifiez la prise de la confiture en faisant le test de l'assiette froide (voir p. 5). Vous pouvez conditionner la confiture en pots à chaud. Refermez les pots et retournez-les pendant 10 minutes.

GELÉE DE FLEURS DE PISSENLITS DITE « CRAMAILLOTTE »

4 POTS DE 375 G • BON MARCHÉ • DÉLICAT À RÉALISER • PRÉPARATION : 30 MIN • CUISSON : 1 H

USTENSILES

1 bassine à confiture
1 économe
1 balance
1 chinois
1 spatule
4 pots
1 assiette

INGRÉDIENTS

250 g de fleurs de pissenlits
1 kg de pommes acidulées
1 orange non traitée
1 citron non traité
900 g de sucre de canne

Truc de confiturier

Cette gelée est délicieuse sur des fromages frais. Elle est réputée pour ses vertus thérapeutiques sur les bronches !

RÉALISATION

1 Lavez les fleurs de pissenlits, enlevez la partie verte et faites-les sécher à four doux, porte ouverte. Coupez l'orange et le citron en tranches fines.

2 Épluchez et enlevez le cœur des pommes, réservez-les pour en faire un nouet (voir p. 5). Il doit vous rester 800 g de chair. Détaillez les pommes en tranches épaisses.

3 Dans la bassine à confiture, faites cuire pendant 15 minutes les pommes juste couvertes d'eau bouillante. Passez au chinois et pressez pour obtenir 1 litre de jus. Ajoutez à ce jus de pommes le sucre, les tranches d'orange et de citron, les fleurs de pissenlits ainsi que le nouet. Portez le mélange à ébullition douce, que vous maintiendrez 45 minutes environ.

4 Ôtez le nouet et filtrez au chinois. Vérifiez la prise de la gelée sur une assiette froide (voir p. 5). Vous pouvez la conditionner en pots à chaud. Refermez les pots et retournez-les pendant 10 minutes.

Confiture artisanale
Fleurs de Pissenlit

GELÉE DE MENTHE

4 POTS DE 375 G • BON MARCHÉ • FACILE • PRÉPARATION : 20 MIN • CUISSON : 35 MIN

USTENSILES

1 bassine à confiture
1 économe
1 balance
1 chinois
1 spatule
4 pots
1 assiette

INGRÉDIENTS

1,2 kg de pommes acidulées
900 g de sucre de canne
1 petit bouquet de menthe fraîche
le jus d'1/2 citron

Variante

Vous pouvez remplacer la menthe par un bouquet de thym ou de romarin. Vous utiliserez ces gelées pour agrémenter vos plats ou des fromages. Préparez une compote avec les pommes cuites !

RÉALISATION

1 Épluchez et enlevez le cœur des pommes, réservez-les pour en faire un nouet (voir p. 5). Il doit vous rester 1 kg de chair. Détaillez-la en tranches épaisses.

2 Dans la bassine à confiture, faites cuire les tranches de pomme juste couvertes d'eau bouillante pendant 15 minutes. Passez et pressez pour obtenir 1 litre de jus.

3 Ajoutez le sucre, le bouquet de menthe fraîche noué en bouquet, le nouet ainsi que le jus de citron. Portez le mélange à ébullition pendant 20 minutes environ. Ôtez le nouet et le bouquet de menthe. Passez au chinois s'il reste des impuretés.

4 Vérifiez la prise de la gelée sur une assiette froide (voir p. 5). Vous pouvez conditionner la gelée en pots à chaud. Refermez les pots et retournez-les pendant 10 minutes.

Gelée
de
Menthe

CONFITURE DE LAIT

4 POTS DE 375 G • BON MARCHÉ • FACILE • PRÉPARATION : 10 MIN • CUISSON : 1 H 30

USTENSILES

1 bassine à confiture
1 spatule
1 écumoire
4 pots

INGRÉDIENTS

3 l de lait entier
1 kg de sucre de canne
2 gousses de vanille

RÉALISATION

Versez le lait dans la bassine à confiture, ajoutez le sucre et les gousses de vanille fendues en 2 et grattées.
Portez lentement à ébullition en remuant fréquemment à la spatule.
Laissez cuire environ 1 heure 30 en remuant souvent à partir d'1 heure de cuisson. Ôtez les gousses de vanille et écumez.
La confiture doit avoir la couleur d'un caramel clair. Versez dans les pots et refermez-les immédiatement. Cette confiture se conserve trois mois, pas plus.

CONFITURE DE NOIX VERTES AUX POMMES

4 POTS DE 375 G • BON MARCHÉ • DÉLICAT À RÉALISER • PRÉPARATION : 1 H • CUISSON : 35 MIN

USTENSILES

1 bassine à confiture
1 casse-noix
1 économe
1 spatule
1 casserole
1 écumoire
1 mixeur
4 pots
1 assiette

INGRÉDIENTS

1 kg de noix vertes (cueillies à la Saint-Jean)
750 g de pommes acidulées
1,5 kg de sucre de canne
le jus d'1/2 citron

RÉALISATION

Cassez les noix. Récupérez les cerneaux et faites-les blanchir 8 à 10 minutes dans de l'eau frémissante. Rafraîchissez-les et pelez-les.
Épluchez les pommes, épépinez-les, puis coupez-les en dés.
Dans la bassine à confiture, versez le sucre, les noix, les pommes et le jus de citron. Laissez cuire 20 minutes. Retirez du feu et mixez le tout très finement.
Remettez dans la bassine et poursuivez la cuisson environ 15 minutes en remuant constamment.
Vérifiez la prise de la confiture en faisant le test de l'assiette froide (voir p. 5), écumez, puis mettez en pots. Refermez immédiatement et retournez les pots pendant 10 minutes.

CONFITURE POMME-POIRE AU CARAMEL À LA FLEUR DE SEL

4 POTS DE 375 G • BON MARCHÉ • DÉLICAT À RÉALISER • PRÉPARATION : 20 MIN • CUISSON : 50 MIN

USTENSILES

1 bassine à confiture
1 saladier
1 économe
1 spatule
1 écumoire
4 pots
1 assiette

INGRÉDIENTS

500 g de pommes acidulées
500 g de poires
600 g de sucre de canne
le jus d'1/2 citron
Pour le caramel :
200 g de sucre de canne
1 cuil. à soupe de vinaigre blanc
1 noix de beurre
1 cuil. à café de fleur de sel

Truc de confiturier

Vous pouvez ajouter un petit verre de calvados (10 cl) en fin de cuisson.

RÉALISATION

1 Épluchez les pommes et les poires. Gardez les épluchures et les trognons et confectionnez un nouet (voir p. 5). Coupez les fruits en morceaux et mettez-les dans un saladier rempli d'eau, réservez.

2 Dans la bassine à confiture, confectionnez un caramel avec le sucre, 10 cl d'eau et le vinaigre blanc. Tournez la bassine sur le feu, mais surtout n'employez aucun ustensile (attention aux éclaboussures !). Quand la coloration est atteinte, ôtez du feu et ajoutez le beurre, 10 cl d'eau et la fleur de sel.

3 Dans la bassine à confiture, versez sur le caramel vos fruits égouttés, le nouet, le sucre de canne et le jus de citron. Mélangez et poursuivez doucement la cuisson pendant 30 minutes.

4 Ôtez le nouet. Vérifiez la prise de la confiture en faisant le test de l'assiette froide (voir p. 5) et écumez. Vous pouvez conditionner la confiture en pots à chaud. Refermez les pots, puis retournez-les pendant 10 minutes.

CONFITURE DE POIRES AU GINGEMBRE

4 POTS DE 375 G • BON MARCHÉ • FACILE • PRÉPARATION : 30 MIN • MACÉRATION : 1 NUIT • CUISSON : 45 MIN

USTENSILES

1 bassine à confiture
1 économe
1 spatule
1 écumoire
4 pots
1 assiette

INGRÉDIENTS

1 kg de poires mûres
1 morceau de gingembre frais
700 g de sucre de canne
le jus d'1 citron
1 noix de beurre

Variante

Vous pouvez utiliser du gingembre en poudre à la place de la racine fraîche.

Truc de confiturier

Vous pouvez également ajouter un petit verre d'eau-de-vie de poire (10 cl) en fin de cuisson.

RÉALISATION

1 La veille, épluchez les poires, coupez-les en 4, retirez le cœur et coupez les morceaux en petits cubes. Pelez la racine de gingembre et hachez-la avec un couteau bien aiguisé.

2 Confectionnez un sirop en faisant chauffer le sucre avec 10 cl d'eau. Dans la bassine à confiture, portez le mélange poires, gingembre, sucre et jus de citron à ébullition, puis maintenez celle-ci 15 minutes. Arrêtez la cuisson et laissez reposer 1 nuit.

3 Le jour même, ajoutez la noix de beurre et reprenez la cuisson doucement pendant environ 30 minutes. Écumez.

4 Vérifiez la prise de la confiture en faisant le test de l'assiette froide (voir p. 5). Vous pouvez conditionner la confiture en pots à chaud. Refermez les pots, puis retournez-les pendant 10 minutes.

CONFITURE DE PRUNEAUX À L'ARMAGNAC

4 POTS DE 375 G • BON MARCHÉ • FACILE • PRÉPARATION : 15 MIN • CUISSON : 45 MIN

USTENSILES

1 bassine à confiture
1 casserole
1 spatule
1 écumoire
4 pots
1 assiette

INGRÉDIENTS

1 kg de pruneaux
1 sachet de thé noir
700 g de sucre de canne
1 gousse de vanille
1 noix de beurre
1 petit verre de bon armagnac (10 cl)

Truc de confiturier

Vous pouvez ajouter à votre confiture des cerneaux de noix, des noisettes ou des amandes hachées en fin de cuisson.

RÉALISATION

1 Coupez les pruneaux en 2, ôtez les noyaux. Dans une casserole, faites infuser le sachet de thé dans 30 cl d'eau chaude. Plongez les pruneaux dans cette infusion, laissez cuire 10 minutes à feu doux, égouttez.

2 Dans la bassine à confiture, portez le mélange pruneaux et sucre à ébullition en remuant pour ne pas laisser attacher au fond de la bassine. Ajoutez la gousse de vanille fendue et grattée, et la noisette de beurre. Maintenez à ébullition 15 minutes.

3 Baissez le feu et laissez cuire doucement environ 20 minutes jusqu'à la bonne consistance en remuant fréquemment. Ajoutez le verre d'armagnac. Ôtez la gousse de vanille et écumez.

4 Vérifiez la prise de la confiture en faisant le test de l'assiette froide (voir p. 5). Vous pouvez conditionner la confiture en pots à chaud. Refermez les pots, puis retournez-les pendant 10 minutes.

GELÉE DE RAISINS MUSCAT ET POMMES

4 POTS DE 375 G • BON MARCHÉ • DÉLICAT À RÉALISER • PRÉPARATION : 30 MIN • CUISSON : 1 H

USTENSILES

1 bassine à confiture
1 économe
1 balance
1 spatule
1 écumoire
4 pots
1 assiette

INGRÉDIENTS

750 g de raisins muscat
750 g de pommes acidulées
700 g de sucre de canne
le jus d'1/2 citron

Truc de confiturier

En cours de cuisson, vous pouvez ajouter quelques fruits secs écrasés.

RÉALISATION

1 Lavez les raisins, coupez-les en 2 et enlevez les pépins. Épluchez et enlevez le cœur des pommes, réservez-les pour en faire un nouet (voir p. 5). Il doit vous rester 600 g de chair. Détaillez-la en tranches épaisses.

2 Dans la bassine à confiture, faites cuire les pommes juste couvertes d'eau bouillante pendant 15 minutes. Passez et pressez pour obtenir 50 cl de jus.

3 Ajoutez à ce jus de pommes le sucre, les raisins, le jus de citron et le nouet. Portez le mélange à ébullition douce et maintenez-la 45 minutes environ. Ôtez le nouet et écumez.

4 Vérifiez la prise de la gelée sur une assiette froide (voir p. 5). Vous pouvez conditionner la confiture en pots à chaud. Refermez les pots et retournez-les pendant 10 minutes.

Raisins Muscat
et
Pommes

CONFITURE DE NOËL

4 POTS DE 375 G • BON MARCHÉ • DÉLICAT À RÉALISER • PRÉPARATION : 20 MIN • CUISSON : 40 MIN

USTENSILES

1 bassine à confiture
1 économe
1 spatule
1 saladier
1 écumoire
4 pots
1 assiette

INGRÉDIENTS

500 g de pommes acidulées
500 g de poires
700 g de sucre de canne
le jus d'1/2 citron
1 pincée de vanille en poudre
1 pincée de cannelle en poudre
1 pincée de clou de girofle en poudre
1 pincée de badiane en poudre
1 pincée d'anis vert en poudre
50 g de noix hachées
50 g de noisettes hachées
50 g d'amandes hachées
1 noix de beurre

Truc de confiturier

Cette confiture, que l'on mange principalement au moment de Noël, est parfaite sur un fond de pâte sablée ou en garniture d'une génoise.

RÉALISATION

1 Épluchez les pommes et les poires. Gardez les épluchures et les trognons pour confectionner un nouet (voir p. 5), puis coupez les fruits en morceaux et mettez-les dans un saladier rempli d'eau, réservez.

2 Dans la bassine à confiture, versez vos fruits égouttés, le nouet, le sucre de canne, 15 cl d'eau, le jus de citron, les épices, les fruits secs et la noix de beurre. Mélangez, puis portez à ébullition en remuant pour ne pas laisser attacher au fond de la bassine. Maintenez à ébullition pendant 15 minutes.

3 Baissez le feu et laissez cuire doucement jusqu'à la bonne consistance en remuant souvent, environ 25 minutes. Ôtez le nouet et écumez.

4 Vérifiez la prise de la confiture en faisant le test de l'assiette froide (voir p. 5). Vous pouvez conditionner la confiture en pots à chaud. Refermez les pots, puis retournez-les pendant 10 minutes.

CONFITURE DE POMMES DE TERRE

4 POTS DE 375 G • BON MARCHÉ • FACILE • PRÉPARATION : 15 MIN • CUISSON : 50 MIN

USTENSILES

1 bassine à confiture
1 économe
1 casserole
1 presse-purée
1 spatule
1 écumoire
4 pots
1 assiette

INGRÉDIENTS

1 kg de pommes de terre
750 g de sucre de canne
le jus d'1/2 citron
1 cuil. à café de cannelle en poudre
1 gousse de vanille
1 petit verre de rhum ambré (10 cl)

Truc de confiturier

Cette confiture accompagne à merveille les crêpes et les gaufres, mais aussi le yaourt ou le fromage blanc. Vous pouvez également l'essayer en millefeuille avec des feuilles de brick.

RÉALISATION

1 Épluchez les pommes de terre, puis faites-les cuire à l'eau non salée. Égouttez-les et réduisez-les en purée.

2 Dans la bassine à confiture, portez à ébullition le sucre mélangé à 25 cl d'eau. Baissez le feu et incorporez la purée de pommes de terre, le jus de citron, la cannelle et la gousse de vanille fendue en 2 et grattée. Poursuivez doucement la cuisson en remuant souvent.

3 Incorporez le verre de rhum en fin de cuisson, puis ôtez le nouet et la gousse de vanille. Vérifiez la prise de la confiture en faisant le test de l'assiette froide (voir p. 5) et écumez.

4 Vous pouvez conditionner la confiture en pots à chaud. Refermez les pots, puis retournez-les pendant 10 minutes.

CONFITURE DE BETTERAVE ROUGE À L'AIGRE-DOUX

4 POTS DE 375 G • BON MARCHÉ • FACILE • PRÉPARATION : 30 MIN • MACÉRATION : 1 NUIT • CUISSON : 30 MIN

USTENSILES

1 bassine à confiture
1 mixeur
1 spatule
1 écumoire
4 pots
1 assiette

INGRÉDIENTS

1 kg de betteraves rouges cuites au four
800 g de sucre de canne
15 cl de bon vinaigre de vin

Truc de confiturier

Merveilleuse pour les amateurs de l'aigre-doux, cette confiture accompagne les viandes en sauce et les fromages à pâte dure.

RÉALISATION

1 La veille, épluchez les betteraves et mixez-les.

2 Dans la bassine à confiture, mélangez la purée de betterave, le sucre et le vinaigre. Portez à ébullition, puis maintenez celle-ci 15 minutes. Arrêtez la cuisson et laissez reposer 1 nuit.

3 Le jour même, reprenez doucement la cuisson, 15 minutes environ.

4 Vérifiez la prise de la confiture en faisant le test de l'assiette froide (voir p. 5) et écumez. Vous pouvez conditionner la confiture en pots à chaud. Refermez les pots, puis retournez-les pendant 10 minutes.

CONFITURE DE CAROTTES ET D'ORANGES

4 POTS DE 375 G • BON MARCHÉ • FACILE • PRÉPARATION : 15 MIN • CUISSON : 50 MIN

USTENSILES

1 bassine à confiture
1 économe
1 casserole
1 râpe
1 hachoir
1 spatule
1 écumoire
4 pots
1 assiette

INGRÉDIENTS

500 g de carottes
500 g d'oranges non traitées
800 g de sucre de canne
le jus d'1/2 citron

Truc de confiturier

Cette confiture accompagne à merveille les gibiers, par exemple.

RÉALISATION

1 Épluchez les carottes, râpez-les et faites-les blanchir 15 minutes à l'eau bouillante.

2 Lavez soigneusement les oranges et passez-les au hachoir à viande, grosse grille.

3 Dans la bassine à confiture, portez à ébullition le sucre mélangé à 10 cl d'eau. Baissez le feu et incorporez les carottes, les oranges et le jus de citron. Continuez doucement la cuisson pendant environ 35 minutes en remuant fréquemment.

4 Vérifiez la prise de la confiture en faisant le test de l'assiette froide (voir p. 5) et écumez. Vous pouvez conditionner la confiture en pots à chaud. Refermez, puis retournez les pots pendant 10 minutes.

CONFITURE DE COURGE BUTTERNUT

4 POTS DE 375 G • BON MARCHÉ • FACILE • PRÉPARATION : 20 MIN • MACÉRATION : 1 NUIT • CUISSON : 35 MIN

USTENSILES

1 bassine à confiture
1 écumoire
1 terrine
1 spatule
4 pots - 1 assiette

INGRÉDIENTS

1 kg de courge butternut
800 g de sucre de canne
le jus d'1/2 citron
1 pincée de vanille en poudre
1 pincée de cannelle en poudre

RÉALISATION

La veille, épluchez, videz et coupez la courge en petits morceaux d'1 cm.
Disposez-les dans une terrine en alternant couches de sucre et couches de courge, arrosez du jus de citron. Laissez macérer 1 nuit au frais.
Le jour même, versez le tout dans la bassine à confiture, puis ajoutez la vanille et la cannelle. Portez à ébullition environ 35 minutes à feu très doux, en remuant constamment.
Vérifiez la prise de la confiture sur une assiette froide (voir p. 5), écumez et mettez en pots. Refermez les pots immédiatement et retournez-les pendant 10 minutes.

CONFITURE D'AUBERGINE

4 POTS DE 375 G • BON MARCHÉ • FACILE • PRÉPARATION : 15 MIN • MACÉRATION : 1 NUIT • CUISSON : 50 MIN

USTENSILES

1 bassine à confiture
1 terrine
1 écumoire
1 spatule
4 pots - 1 assiette

INGRÉDIENTS

1 kg de petites aubergines
800 g de sucre de canne
le jus d'1 citron
1 pincée de clous de girofle en poudre
1 cuil. à café de cannelle en poudre

RÉALISATION

La veille, épluchez et découpez les aubergines en cubes. Faites-les cuire 15 minutes à la vapeur.
Disposez-les dans une terrine en alternant couches de sucre et couches d'aubergines. Laissez macérer 1 nuit au frais.
Le jour même, versez le tout dans la bassine à confiture, puis ajoutez le jus du citron, la poudre de clou de girofle et la cannelle.
Mélangez le tout et portez à ébullition à feu très doux, environ 35 minutes.
Vérifiez la prise de la confiture sur une assiette froide (voir p. 5), écumez et mettez en pots. Refermez les pots immédiatement et retournez-les pendant 10 minutes.

INDEX

LES TRADITIONNELLES

LES MÉDITERRANÉENNES

LES EXOTIQUES

LES INÉDITES

LES CONFITURES DU POTAGER

INFOS MESURES

	FARINE	SUCRE	LIQUEUR	FÉCULE	VIN / EAU
1 cuil. à café rase 1 teaspoon (tsp)	5 g	6 g	0,5 cl un trait	5 g	0,5 cl
1 cuil. à soupe rase 1 tablespoon (TBSP) / ½ oz	15 g	20 g	1,5 cl	15 g	1,5 cl

MESURES MÉTRIQUES	MESURES IMPÉRIALES
Poids	
30 g	1 once
115 g	1/4 lb
150 g	1/3 lb
225 g	1/2 lb
340 g	3/4 lb
455 g	1 lb
Riz - 210 g	1 tasse
Farine - 115 g	1 tasse
Sucre - 225 g	1 tasse

THERMOSTATS	DEGRÉS CELSIUS	DEGRÉS FAHRENHEIT
th. 1	30 °C	85 °F
th. 2	60 °C	140 °F
th. 3	90 °C	195 °F
th. 4	120 °C	250 °F
th. 5	150 °C	300 °F
th. 6	180 °C	355 °F
th. 7	210 °C	410 °F
th. 8	240 °C	465 °F
th. 9	270 °C	520 °F
th.10	300 °C	570 °F

CAPACITÉS			
1 ml	16 gouttes	150 ml	2/3 de tasse
5 ml	1 cuillère à café	175 ml	3/4 de tasse
15 ml	1 cuillère à soupe	200 ml	4/5 de tasse
50 ml	1/4 de tasse	250 ml	1 tasse
75 ml	1/3 de tasse	500 ml	2 tasses
125 ml	1/2 tasse		

La collection

Toquades

Des recettes faciles
utilisant des ingrédients simples à trouver dans le commerce et des ustensiles que l'on trouve dans la plupart des cuisines.

Des photos 100 % fidèles aux recettes
spécialement réalisées pour l'ouvrage.

Des sujets dans l'air du temps
sélectionnés avec un grand soin, toujours dans la tendance, et surtout très gourmands.

50 recettes inédites
et très appétissantes, à tester, goûter… et apprécier !

Vous avez dévoré ces recettes ? Alors régalez-vous vite avec :

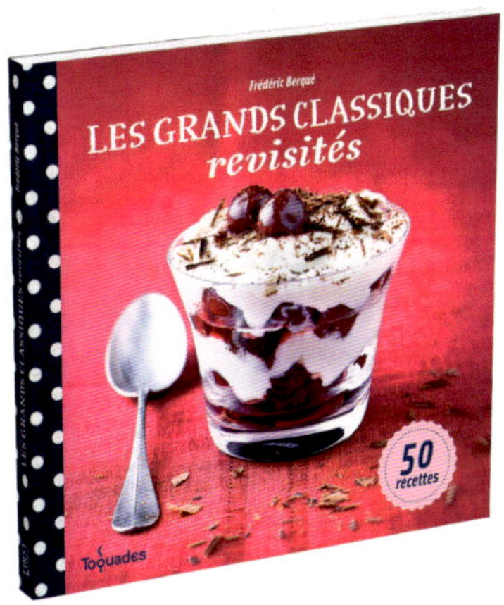